Marion Odile Grübel

Blume der Liebe

40 inspirierende Impulse für gelebte Liebe

Schirner Verlag

Wir verzichten auf das Einschweißen unserer Kartensets – **UNSERER UMWELT ZULIEBE!**

ISBN 978-3-8434-9261-4

Marion Odile Grübel
Blume der Liebe
40 inspirierende Impulse für gelebte Liebe

Birkenweg 14a, 64295 Darmstadt
E-Mail: gpsr@schirner.com

1. Auflage Oktober 2025

Box, Karten & Begleitbuch: Jennifer Maar, Schirner, unter Verwendung von Fotografien von Murat Karacay und #153605558 (© Anne Mathiasz), www.shutterstock.com
Fotografien: © Murat Karacay, www.spiritualmedia.de
Lektorat: Kerstin Noack-Zakel, Schirner
Druckproduktion: Ren Medien GmbH, Filderstadt
Printed in Czech Republic

www.schirner.com

Inhalt

Ich widme dieses Kartenset der Liebe selbst.
Ihr gilt mein ganzer Dank,
sie ist mein größtes Glück.
Sie bringt mich wieder in den Fluss,
wenn ich ins Stocken geraten bin.
Sie offenbart sich mir überall und
schenkt mir Lichtblicke – besonders in den
dunklen Zeiten meines Lebens.
Sie lässt mich sanft ausruhen, auftanken,
neuen Lebensmut schöpfen.
Sie wandelt meine Ängste, lässt mich Frieden
in mir selbst finden, meine eigene Vielfalt
entdecken und schöpferisch wirken.
Sie lehrt mich immer wieder, mich auf das Leben
in seiner bunten Mannigfaltigkeit –
und damit auf die Wunder, die sich
in ihrer Zeit offenbaren – einzulassen.
Sie zeigt mir, dass ich auf jede Frage
eine Antwort der Liebe finden kann.

Danke, dass auch du den Weg der Liebe gehst!

Marion Odile

Agape –
die gebende, dienende, nichts erwartende Liebe

Agape ist das griechische Wort für »Nächstenliebe«. Es steht für eine höhere, universelle, dienende Liebe, die von Gott oder dem Schöpfungsfeld inspiriert ist. Diese Liebe fordert nichts und stellt keine Bedingungen. Sie verschenkt sich um ihrer selbst willen zum Wohle aller. Ihre Tiefe und Reinheit sind unerschütterlich – sie hält allen Widrigkeiten stand.

Im Gegensatz zur persönlichen Liebe, die sich auf einzelne Menschen – den Partner, die Partnerin, Familienmitglieder, Freunde und Freundinnen – sowie auf bestimmte Orte oder Dinge beschränkt, umfasst die universelle Liebe alle Wesen – Menschen, Tiere, Pflanzen und Dinge. Während die persönliche Liebe von individuellen Vorlieben und Vorurteilen geprägt ist, auch solchen, die aus dem Kollektiv und eigenen Lebenserfahrungen stammen, verbindet uns die universelle Liebe auf einer tieferen Ebene. Sie lässt uns einander mit Offenheit und Akzeptanz begegnen. Sie schätzt die Wahrheit und öffnet unser Herz für Weite und Sanftmut.

Im Urchristentum war diese hohe Form der Liebe noch sehr präsent. Jede Zusammenkunft wurde mit einem Liebesmahl gefeiert – einem gemeinsamen Fest im Namen der Liebe.

Ich liebe den Gedanken an eine Gemeinschaft und Verbundenheit, die durch Liebe entstehen. Und ich lade uns alle ein, wieder in diesem Geist zu leben: jede Begegnung, jedes Wort und jede Handlung als Ausdruck der Liebe zu sehen. Bevor wir etwas sagen oder tun, lassen wir es von der Liebe durchdringen. Gemeinsam gestalten wir auf diese Weise ein neues Miteinander.

Blume(n) der Venus –

deine Karten im Zeichen der Liebe

Diese Karten stehen ganz im Zeichen gelebter Liebe. Symbolisiert wird diese einerseits durch die Venusblume, das heilige geometrische Symbol für universelle Liebe und Harmonie. Andererseits wirst du die Liebe in den vielen Blütenbildern entdecken, die sich wie ein lebendiger Garten durch das Kartenset ziehen.

Die Venusblume erinnert uns daran, dass unsere wahre Aufgabe im Leben darin besteht, die Liebe in uns selbst zu erkennen, zu feiern und von innen nach außen zu entfalten – wie prächtige Blütenblätter. Dabei geht es darum, die Liebe in ihren vielfältigen Ausdrucksformen zu zeigen und anzuerkennen.

Die Venusblume zeigt sich in ihrer vollendeten Symmetrie, einer Fünferstruktur, die wir überall in der Natur wiederfinden. Besonders schön offenbart sie sich in einer meiner Lieblingsblumen: der Rose. Wie kaum eine andere Blume gilt sie als Symbol der Liebe schlechthin.

Doch alle Blumen sprechen die Sprache der Liebe. Sie blühen nicht um der Konkurrenz willen. Ohne Erwartung zeigen sie sich und nähren alle Wesen, die sich an ihrer Schönheit erfreuen oder an ihnen laben möchten. Jede einzelne Blüte trägt in ihrer einzigartigen Erscheinung zum besonderen Ausdruck unserer Erde bei.

Mein eigener Garten ist mein Zufluchtsort, das Herzstück meines Lebens und für mich ein Raum wahrer gelebter Liebe. So entstand im schönen Rosenmonat Juni die Idee, neben anderen Blumen auch Rosen aus meinem Garten in diesem Kartenset zu verewigen.

Blüten können uns dazu inspirieren, mit jedem Atemzug wahrhaft zu fühlen und Liebe zu sein. Sie erinnern uns daran, auf die Weise zu leben, wie die Schöpfung es von Anfang an für uns vorgesehen hat. Als Menschen entfalten wir uns, blühen auf, berühren mit unseren liebevollen Gedanken, Worten und Taten alles um uns herum und ziehen dabei weite Kreise.

Es gibt Zeiten des Blühens, des Vergehens, der Sammlung und des Wiedererwachens auf einer höheren Ebene. All dies spiegelt sich in der Venusblume und den Blüten wider – sie sind überall in der Natur sichtbar und finden auch in meinem persönlichen Garten Eden Ausdruck, den ich voller Demut und Dankbarkeit hüten und durch all diese Wandlungsphasen begleiten darf.

Was du mit den Karten bewirken kannst

Ob es dir bewusst ist oder nicht: Die Welt befindet sich im Wandel, und wir alle tragen mit unserem Sein zur Neugestaltung bei. Jeder Einzelne hat die wunderbare Möglichkeit, Liebe in die Welt zu bringen. Dieses Kartenset soll dich daran erinnern, dass die allumfassende Liebe IN dir ist. Sie kennt keine Grenzen – sie ist überall präsent und wartet nur darauf, von dir entdeckt und gelebt zu werden.

Diese Karten unterstützen dich dabei, zahlreiche Aspekte der Liebe in deinem Leben erblühen zu lassen. Du bist der Schöpfer, die Schöpferin deines Lebens – und der Liebe. Die wichtigste Frage, die dich auf deinem Weg begleiten sollte, ist: Wie kann ich Liebe in die Welt hinaustragen? Und weiter: Wie kann ich mehr Liebe in alle Bereiche meines Lebens fließen lassen, um mein Feld freudvoller, leichter und sinnstiftender zu gestalten?

Das Kartenset gibt dir Antworten auf genau diese Fragen. Die Karten sollen dich daran erinnern, wie leicht es sein kann, Liebe im Alltag sichtbar werden zu lassen – sei es in deinen Gedanken, mit Worten oder Taten – und dadurch dein Leben zu etwas ganz Besonderem zu machen. Sie dienen auch deiner Selbstfürsorge, indem sie deine Verbindung zu dir selbst vertiefen und gleichzeitig jene zu deinem Umfeld stärken. So entsteht eine klare Haltung der allumfassenden Liebe, die tief in dir verwurzelt ist und dein Leben nachhaltig bereichert.

Oft habe ich das Gefühl, dass Liebe von vielen Menschen Mut verlangt. Mut, die eigene Opferhaltung zu verlassen und das Gefühl der Ohnmacht in sich zu überwinden. Womöglich geht es dir ebenso. Tatsächlich ist es unerlässlich, die eigenen Blockaden, Mangelgefühle und Schattenseiten liebevoll anzuerkennen, wenn wir die allumfassende Liebe wahrhaft leben möchten. Doch sei dir gewiss: Wenn du es wagst, vollzieht sich ein wahres Wunder.

Indem du dich der Liebe mutig öffnest, schaffst du Raum für echtes Wachstum und tiefe Verbundenheit. Für unseren Planeten und alle Wesen ist es essenziell, dass du die Liebe IN dir entfaltest, statt sie zurückzuhalten. Durch sie begibst du dich auf den Weg der Heilung – deiner selbst, deines Ahnenfeldes und des Kollektivs. Alles wird freier, leichter und lebendiger. Es ist unglaublich schön, diese Veränderungen hautnah zu spüren und zu erleben.

Also sei mutig: *Liebe!*

Wie du die Karten anwendest

Nutze diese Karten regelmäßig als Begleiter auf deinem Weg, um dein Bewusstsein für die universelle Liebe zu stärken und sie in jedem Moment deines Lebens lebendig werden zu lassen. Wahrscheinlich wirst du nach einiger Zeit der klaren Ausrichtung auf die allumfassende Liebe eine tiefgreifende Veränderung in deinem Leben feststellen.

Wann immer du den Impuls dazu verspürst, ziehe eine Karte: Begib dich dazu an einen ruhigen Ort, an dem du ungestört bist. Nimm dir einen Moment, um dich zu zentrieren. Du kannst eine kurze Meditation machen oder tief durchatmen, um deine Energie zu klären.

Überlege dir eine klare Intention oder Frage zu einem Thema, auf das du mit Liebe antworten möchtest. Das kann eine offene Frage sein wie »Was brauche ich, um Liebe noch bewusster zu leben?« oder eine spezifische Situation, die dich beschäftigt.

Mische die Karten behutsam, während du deine Aufmerksamkeit auf deine Intention oder Frage richtest. Sei empfänglich für Impulse, und öffne dein Herz für die Botschaften in dem Wissen, dass du der Schöpfer, die Schöpferin deines Lebens bist.

Ziehe intuitiv eine Karte aus dem Stapel – vertraue deinem ersten Eindruck. Wenn beim Mischen eine Karte aus dem Stapel gefallen ist, hält sie die Antwort auf deine Frage bereit.

Jede Karte enthält einen Impuls zur lebendigen Kraft der Liebe im Alltag. Nimm dir Zeit, diese Worte auf dich wirken zu lassen, und lies auch im Begleitbuch nach. Hier findest du neben einer ausführlichen Kartenbotschaft einen Herzgedanken, der dich zur Reflexion anregen soll, sowie die Essenz der Liebe, eine Affirmation für deinen Alltag, die du immer dann aussprechen kannst, wenn du die Liebe gerade nicht spürst.

Lasse deinen Herzraum weit werden, und überlege:

- Was verrät mir dieser Text über meine aktuelle Beziehung zur Liebe?

- Welche Inspirationen oder Impulse kann ich daraus für mein Leben ziehen?
- Wie kann ich die Botschaft der Liebe in meinem Alltag umsetzen?
- Bin ich jetzt bereit, tiefer zu lieben, oder benötige ich erst noch mehr Sicherheit? Wie kann ich mir selbst diese Sicherheit geben?

Lasse dich im Herzen berühren, und spüre, welche Geschenke sich dir auf deinem Weg der Liebe offenbaren.

Ich wünsche dir viel Freude mit deinen Karten!

Marion Odile

Die Karten

Abendgebet

Sprich das folgende Gebet jeden Abend oder, sooft du möchtest, vor dem Schlafengehen:

»Geliebter Himmel – geliebte Erde –
geliebtes Licht in mir.

Danke für die Liebe, die mich täglich umhüllt.
Danke für die Liebe, die ich mit jedem
Atemzug erfahren darf.
Danke, dass ich ein Teil von euch bin.

Mein Herz ist von Frieden erfüllt und
fließt über vor Dankbarkeit.
Mein Feld wird heute Nacht im goldenen Licht
der Liebe gereinigt und gehütet.
Sanft schließe ich heute wie an jedem Abend
meine Augen. Mit einem Lächeln auf den Lippen
lasse ich mich vom Herzschlag der kosmischen
Liebe in den Schlaf wiegen –
zuversichtlich auf den neuen Tag.

Ich bin gehalten – ich bin gewollt –
ich bin gesegnet.«

Herzgedanke:

Worauf möchte ich mich ausrichten –
wofür möchte ich heute Nacht von der Geistigen Welt einen Segen empfangen?

Essenz der Liebe:

ICH BIN Liebe und immer in Liebe gehalten durch alle Zeiten hindurch.

Begegnung auf Seelenebene

Wenn zwei Seelen sich in Liebe begegnen, werden sie nicht mehr nur von der äußeren Erscheinung oder Oberflächlichkeiten gelenkt, sondern von ihren weit geöffneten Herzen. Alle inneren Mauern fallen, und eine Kommunikation auf tieferer Ebene entsteht. Vermeintliche Schwächen weichen sanften Ausdrucksformen der Verbundenheit, Offenheit und des Vertrauens.

Übe dich in dieser Form der Liebe, bei der sich die Seelen vereinen, noch bevor ihre Körper sich berühren: Kommuniziere offen und ehrlich. Höre nicht nur auf die Worte, sondern auch auf die Gefühle und Intentionen dahinter. Versuche, intuitiv zu spüren, was dein Gegenüber braucht. Schaffe Momente der Stille und des bewussten Wahrnehmens – beim Blick in die Augen des anderen oder beim aufmerksamen Zuhören. Sei authentisch. Zeige dich verletzlich, auch wenn es dir schwerfällt.

Wenn du dein Herz auf diese Weise öffnest, wächst Liebe jenseits des Sichtbaren – als leuchtender Funke, der alles erhellt und verbindet.

Herzgedanke:

Bin ich bereit, mich ehrlich und offen zu zeigen – ohne Mauern, auch in meiner Verletzlichkeit?

Essenz der Liebe:

Ich lasse mich von der Seele meines Gegenübers tief berühren.

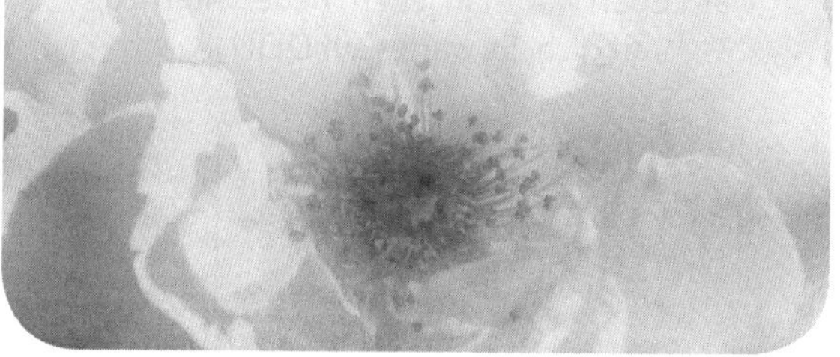

Dein JA zu dir

Dein JA zu allem, was du bist, ändert ALLES.
Dein JA zu allem, was in dir wachsen und
sich entfalten möchte, leitet dich.
Dein JA zu deiner einzigartigen Lebensreise ist
ein DANK an dich selbst.

Das Leben ruft dich mit all seiner Schönheit,
seinen Herausforderungen und Geschenken.
Mit jedem JA, das du dir selbst schenkst, öffnen
sich neue Türen.

Sage JA zu neuen Anfängen.
Sage JA zu deiner inneren Wahrheit.
Sage JA zu deiner Liebe und deiner
ureigenen Energie.

Das Leben wartet in jedem neuen Atemzug
auf dich. Es wartet auf DEIN JA.

Herzgedanke:

Bin ich bereit zu einem klaren JA zu mir, auch wenn sich dies für mich zunächst fremd anfühlen mag?

Essenz der Liebe:

MEIN klares JA zu MIR verändert ALLES.

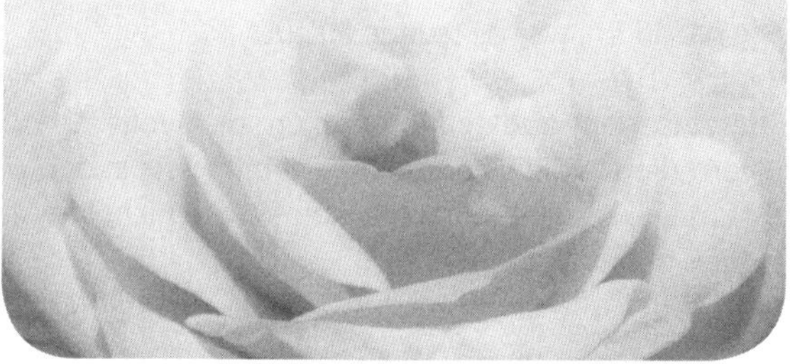

Deine Wahl im Hier und Jetzt

Die Schöpfung wandelt sich unaufhörlich – genau wie du. Du hast die Möglichkeit, jetzt in Kontakt mit deinem inneren Licht zu gehen oder dich davon zu entfernen. Mache dir bewusst, wo du gerade stehst, und entscheide dich dann gezielt für eine Energie, in der du sein möchtest: Mut, Sanftheit, Verspieltheit, das Akzeptieren deiner Schatten. Es liegt an dir, welche Energie du wählst.

Wenn du dich gestresst fühlst, atme tief durch und wähle Ruhe und Klarheit. Wenn du dich unsicher fühlst, erinnere dich daran, dass du die Kraft hast, Liebe und Vertrauen in dir zu aktivieren. Nimm hier und jetzt wieder deinen Platz im Raum der universellen Liebe ein. Sieh es als Akt der Selbstliebe, dich für Mut, Gelassenheit oder Freude zu entscheiden – je nachdem, was dir gerade guttut.

Jetzt ist der perfekte Moment, um dich voller Urvertrauen in die Liebe zu entfalten und sie in deinem Leben sichtbar zu machen. Warte nicht länger – tue es jetzt.

Herzgedanke:

In welcher Energie schwinge ich gerade?
Habe ich diese Energie bewusst gewählt?

Essenz der Liebe:

Ich entscheide mich dazu, mich an
die heilige Kraft zu erinnern, die mich atmet,
die mich erschaffen hat und die mich ruft.

Deine Zartheit

Im sanften Kontakt mit der Natur spürst du die Liebe. Lasse deine Hände beim nächsten Spaziergang ganz zart über Gräser und Blumen streichen. Nimm den Wind wahr, der liebevoll durch dein Haar streift, und lasse dein Herz von ihm durchwehen. Die Sanftheit, mit der die Natur dir begegnet, weckt deine zarte, tiefgründige Seite.

Wenn du dich in diesem Augenblick empfindsam oder gar verletzlich fühlst, nimm diese Empfindungen bewusst wahr. Erkenne sie als Teil deiner Persönlichkeit an, und nutze sie als Kraftquelle, um liebevoll und leicht mit dir selbst, anderen und schwierigen Situationen umzugehen. Du bist zart, Leichtigkeit versprühend und spielerisch in allen Lebenssituationen.

Spüre, wie leicht es ist, mit dem Leben zu schwingen. Verbringe regelmäßig Zeit in der Natur, um deine Zartheit wiederzuentdecken. Nimm wahr, was sich in deinem Herzen regt, und mache dir bewusst: Deine Zartheit bewegt kraftvoll dein Leben.

Herzgedanke:

Bin ich bereit, die Zartheit in mir anzuerkennen und zu würdigen, auch wenn ich mich dadurch verletzlich mache?

Essenz der Liebe:

Ich bringe mein zartes Wesen immer mehr zum Ausdruck und auf diese Weise Bewegung in alle Bereiche meines Lebens.

Du bist geliebt – immer

Die Liebe liebt ALLES – auch Krankheit. Wenn du gerade erschöpft bist oder dich körperlich beeinträchtigt fühlst, schenke dir selbst einen milden Blick. Frage nicht: Was habe ich falsch gemacht? Stattdessen sei sanft und liebevoll mit dir. Die Liebe liebt dich genau so, wie du bist.

Nutze deine Situation als Gelegenheit, mehr über dich selbst und deine Bedürfnisse zu erfahren. Erkenne die Grenzen deines Körpers an, und höre auf die leise Stimme in dir. Hinter dem Mangel verbirgt sich ein Geschenk – eine Chance auf Heilung und Erkenntnis. Was in dir darf in Balance kommen? Welcher Anteil sehnt sich nach Zuwendung? Was möchte durch dich zurück in die Liebe geführt werden?

Du bist in jedem Moment vollkommen – ein wundervolles göttliches Wesen, das gerade eine neue Ebene meistern darf. Vielleicht ist es die Erfahrung, Ruhe zuzulassen, um Unterstützung zu bitten oder für dich selbst einzustehen. Erinnere dich: Du bist in jedem Moment bedingungslos geliebt.

Herzgedanke:

Was kann ich selbst tun, um mich jetzt geliebt zu fühlen? Bin ich bereit, heute einmal alle Selbstkritik fallen zu lassen?

Essenz der Liebe:

ICH BIN in jedem Moment perfekt und geliebt von der Quelle selbst.
Die Liebe findet den für mich perfekten Weg.
Mein Wille ergibt sich jetzt der Liebe und findet Ruhe.

Duft der Liebe

Schließe für einen Moment die Augen, und nimm die Düfte deines Lebens wahr: die deiner Handlungen, deiner Begegnungen, deiner Lebenswege – im Beruf, beim Einkaufen, in der Natur, im Umgang mit deinen Kindern, Tieren, Freunden, deinem Partner, deiner Partnerin. Welche Düfte kommen dir in den Sinn? Riechst du die verschiedenen Aromen? Und spürst das Gefühl, das ihnen innewohnt?

Jeder Mensch hat seinen eigenen Duft. Und je tiefer wir uns auf die bunte Vielfalt einlassen, desto stärker erblüht das Leben. Es ist ein wahrer Genuss, die Liebe in all ihren Wohlgerüchen sinnlich zu erfahren.

Auch dein eigener »duftender« Ausdruck in der Liebe – die Art, wie du Liebe schenkst und erlebst – verleiht deinem Leben in jedem Moment Magie und Inspiration. Spüre diesen bezaubernden Duft, und lasse ihn immer tiefer in dein Herz eindringen. Er bereichert die Welt. Alle Wesen der Liebe nähren sich an deinem ganz besonderen Nektar und werden durch ihn lebendiger und reicher.

Herzgedanke:

Pflege ich reine Gedanken, Worte und Taten der Liebe und Freude, die meinen Duft der Liebe verströmen?

Essenz der Liebe:

Ich verströme meinen ureigenen Liebesduft in jedem Moment.

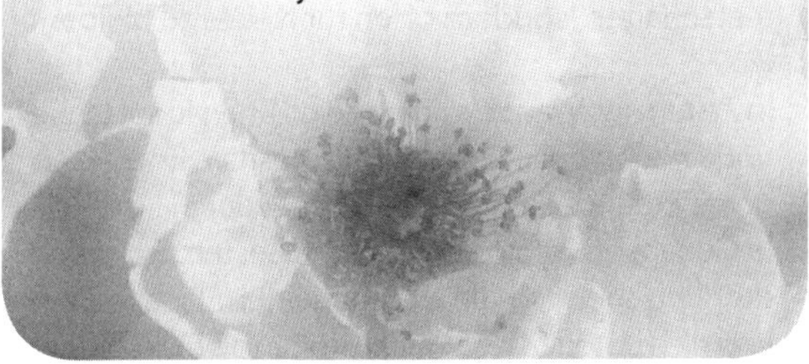

Echte Freundschaft

Freundschaften sind eine wichtige Quelle der Geborgenheit und Unterstützung. Hier fühlen wir uns verstanden, können uns anvertrauen und tief entspannen. Wir begleiten einander durch schwierige Lebensphasen hindurch, akzeptieren die Schwächen des anderen und unterstützen uns dabei, über uns hinauszuwachsen.

Manche Freundschaften leben vom täglichen Kontakt, andere bestehen über lange Zeit, ohne dass man sich hört oder sieht. Akzeptiere, dass Freundschaften verschieden sind und sich verändern dürfen. Manchmal wächst man auseinander oder entwickelt sich unterschiedlich. Das ist okay – danke den gemeinsamen Momenten, und gib frei, wenn es Zeit ist. Es ist wichtig, nicht an alten Mustern festzuhalten, sondern offen für Neues zu bleiben.

In Zeiten des Wandels richte deine Energie auf Liebe und Frieden in dir. Sende diese positive Energie an deine Freunde und Freundinnen – durch liebevolle Gedanken, Worte oder kleine Gesten. So ziehst du Menschen an, die dich in deinem Licht sehen und dich unterstützen – auch in stürmischen Zeiten.

Herzgedanke:

Bin ich mir selbst ein guter Freund, eine gute Freundin und kenne meine Bedürfnisse? Was tue ich, um jemand anderem wahrhaft verbunden zu sein?

Essenz der Liebe:

Ich nehme meine Bedürfnisse und die meines Gegenübers als gleichwertig wahr und gebe das, was ich zu geben habe, ohne Erwartungen – frei fließend in Liebe.

Ewige Quelle

Deine Seele ist Teil der ewigen Quelle, und ihr größtes Anliegen ist es, in die Liebe zurückzukehren. Als Mensch hast du einen freien Willen. Du hast die Wahl, wie du auf Situationen reagierst, wie du mit anderen umgehst und wie du dich selbst behandelst. Liebe ist nicht nur sanft – sie ist auch ein ordnendes Prinzip, das dir hilft, Klarheit zu finden.

Es ist eine Form der Selbstliebe, für dich einzustehen, deine Wahrheit zu leben und dich deinen eigenen Gefühlen und Gedanken zu stellen. Es ist außerdem eine große Stärke, die eigenen Schatten anzuerkennen und zu wissen: Auch diese dunklen Seiten sind tiefgründig und wertvoll.

Stelle dir vor, dass du deine Ängste und Zweifel in einen Kelch aus Licht füllst. Indem du das tust, erkennst du sie an und lässt sie im Licht der ewigen Quelle erstrahlen. Das inspiriert andere. Verbreite von nun an die Liebe der Quelle – mal sanft, mal verspielt, mal klar. Wichtig ist nur eins: Bleibe immer auf die Liebe ausgerichtet, gleich, was passiert.

Herzgedanke:

Wie kann ich heute das Licht der Liebe erstrahlen lassen?

Essenz der Liebe:

Ich bleibe mutig und klar ausgerichtet auf die Liebe selbst, auch wenn dies bedeutet, Haltung zu bekennen und ein Nein in Liebe auszusprechen.

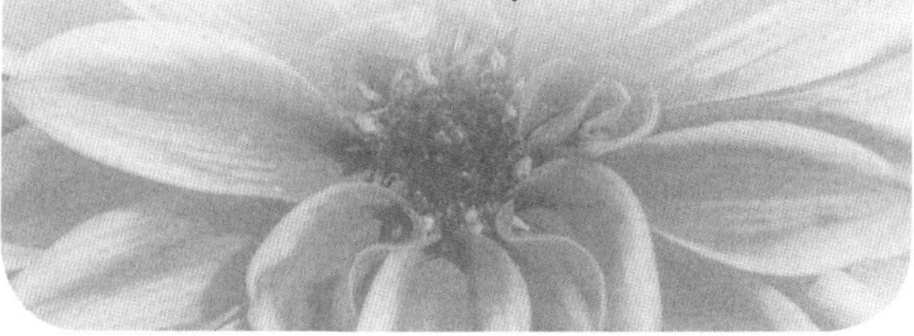

Feuer im Herzen

Das Feuer der Liebe brennt in jeder deiner Zellen. Bringe es nach außen, damit es sich in der Freude des Kreierens und Schöpfens kraftvoll offenbart. Begegne einer neuen Herausforderung mit einem leidenschaftlichen Ja. Pflanze eine Blume als Symbol für dein inneres Wachstum. Lache, tanze barfuß im Regen, singe laut deine Lieblingslieder, oder bringe deine Gefühle mit bunten Farben zum Ausdruck. Auf welche Weise auch immer du dein Feuer sichtbar machst, lasse es hell lodern.

Du bist eine reine Flamme im Feld der universellen Liebe – wild, schön und kraftvoll zugleich. Getragen vom Herzensfeuer wird deine lebendige Liebe das Feld der Schöpfung inspirieren und die Veränderung bringen, nach der du dich so sehr sehnst. Alles, was du berührst, schwingt in seiner schönsten Form zu dir zurück.

Dein Feuer sprüht unaufhörlich und entzündet alles mit seiner Leuchtkraft. Lasse es hell erstrahlen – für dich selbst und für die Welt um dich herum.

Herzgedanke:

Was in mir möchte nach außen gebracht werden zum Wohle aller?

Essenz der Liebe:

Ich stehe in meinem Feuer der Liebe und entzünde meine Liebeskraft unaufhörlich.

Fülle der Natur

Erlaube dir, die Schönheit der Natur bewusst zu erleben. Spaziere durch Parks, Wälder oder Gärten. Nimm die lebendigen Farben, Gerüche und Geräusche wahr. Atme die frische Luft, höre das Zwitschern der Vögel.

Erkenne die Geschenke, die die Erde dir bereitet: Vielleicht pflückst du eine reife Beere direkt vom Strauch oder gönnst dir einen Moment, um eine Blume zu betrachten und ihre Schönheit zu bewundern. Diese kleinen, alltäglichen Augenblicke sind Ausdruck der Liebe.

Erinnere dich: Du bist Teil des wunderbaren Kreislaufs des Lebens. Die Natur versorgt dich täglich mit Nahrung, Luft und Schönheit. Übe dich im Empfangen. Genieße ihre Gaben in vollen Zügen – das ist Liebe!

Herzgedanke:

Bin ich bereit, die Geschenke der Erde genussvoll zu empfangen und dies als einen Akt der Liebe zu betrachten?

Essenz der Liebe:

Ich empfange die reichhaltigen und vielfältigen Geschenke der Natur voller Genuss und Freude.

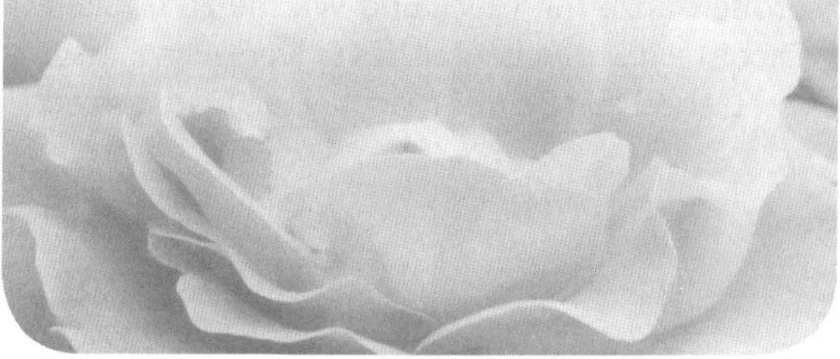

Gaben der Liebe

Du bist dazu berufen, Liebe in die Welt zu bringen – das ist deine wahre Bestimmung. Dazu braucht es keine großen Taten! Liebe äußert sich in den kleinen Dingen: im Dank, den du aussprichst, im Verständnis, das du zeigst, oder in der Geduld, die du aufbringst. Verschenke heute immer wieder bewusst solche Momente der Freude und Verbundenheit. Sie sind wie kleine Lichter, die den Alltag erhellen und deutlich machen, wer du wirklich bist.

Deine kostbaren Gaben warten darauf, sich zu entfalten. Sie sind das Geschenk deiner Herkunft, des Himmels und des Universums.

Wenn du die kleinen, oft unscheinbaren Gesten der Liebe im Alltag teilst, trägst du dazu bei, das große Ganze mit Glück und Wärme zu erfüllen. Du bist ein wertvoller Teil des universellen Flusses der Liebe. Dein Beitrag macht einen Unterschied.

Herzgedanke:

Wie kann ich im Alltag bewusst kleine Gesten der Liebe verschenken, um mein wahres Wesen zu leben und die Welt um mich herum mit meiner einzigartigen Gabe zu bereichern?

Essenz der Liebe:

Meine reichhaltigen Gaben sind der Blütenstaub der unerschöpflichen Liebe.

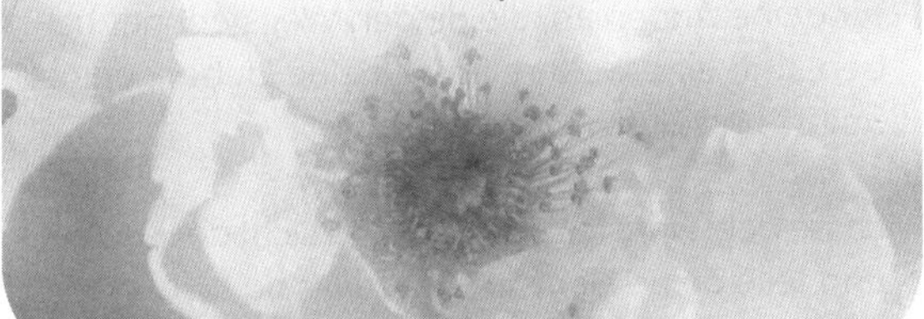

Geschenk des Augenblicks

Was gestern war, ist vergangen. Was morgen kommt, ist offen. Das Jetzt ist ein Geschenk und wert, mit Liebe erfüllt zu werden.

Gleich, ob dein Tag bisher leicht oder schwer war, begegne ihm mit Dankbarkeit und Demut für alles, was er dir heute schenkt. Er birgt in jedem Augenblick die wunderbare Möglichkeit, Liebe zu leben und weiterzugeben.

Zünde auf deinem Altar eine Kerze an – ein Symbol für deine Absicht, jeden Moment mit Liebe zu erfüllen. Während du die Flamme segnest, sende liebevolle Gedanken an alle Begegnungen, die heute kommen mögen. Zünde eine weitere Kerze für alle Menschen an, die in Not sind, damit das Licht ihnen Hoffnung schenke. Eine dritte Kerze zünde für deine Ahnen an, die dir den Weg geebnet haben, und eine weitere für all deine Lieben, deine Spirits und alle Wesen der Liebe.

Lasse dein Herz leuchten wie das Licht der Kerzen, und teile deine Liebe in allem, was du tust.

Herzgedanke:

Worauf richte ich mich heute im Namen der Liebe aus? Wer benötigt gerade jetzt meinen Segen – meine Unterstützung?

Essenz der Liebe:

Voller Dankbarkeit gestalte ich einen weiteren Tag aus der ganzen Liebe meines Herzens.

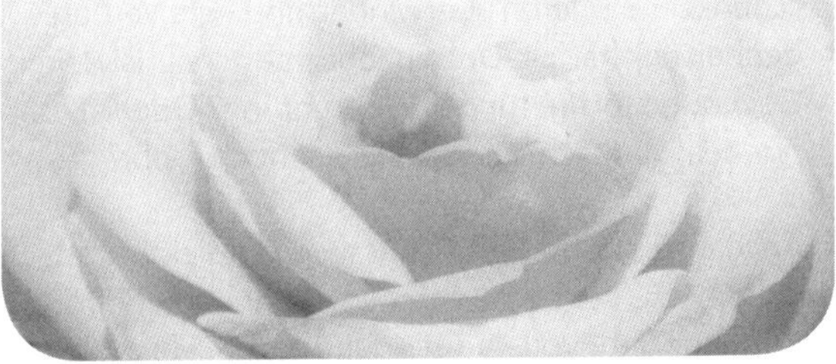

Heilende Kraft der Berührung

Du bist täglich in Kontakt mit Menschen, Tieren, Pflanzen und Gegenständen. Berührungen sind allgegenwärtig. Indem du dir ihrer bewusst wirst, kannst du sie in Gesten der Liebe verwandeln.

Nimm dir vor einer Berührung immer wieder einen Moment: Mache dir bewusst, dass du gerade mit einem heiligen Wesen der Liebe in Kontakt bist – gleich, ob du einem Menschen oder einem Gegenstand gegenüberstehst. Diese Haltung verändert die Qualität deiner Berührung. Sie zeigt deinem Gegenüber, dass es gesehen und wertgeschätzt wird – als wichtiger Teil deines Lebens, der bleiben darf.

Durch achtsames Berühren kannst du Heilung schenken, Barrieren überwinden und tiefe Verbundenheit erschaffen. Doch beobachte genau: Ist dein Gegenüber offen für deine Berührung? Oder ist es nur dein Wunsch? Braucht es gar noch mehr?

Auch eine sanfte Selbstmassage kann eine kraftvolle Praxis sein – sie wirkt entspannend und fördert eine liebevolle Verbindung zu dir selbst.

Herzgedanke:

Bin ich in dem Moment, in dem ich in den Kontakt gehe, wirklich in Verbindung mit mir und meinem Gegenüber?

Essenz der Liebe:

Ich erfülle mein Leben mit bewusster, achtsamer und liebender Berührung und gestalte so ein heilendes, heiliges Leben für mich und alle meine Begegnungen.

Heilige Stille

Tauche ein in einen Ort ursprünglicher Weisheit – einen Raum der Stille, der ALLES in sich trägt. Diese Stille verleiht deinem Leben Sinn und Tiefe. In ihr kannst du eine Liebe erfahren, die du bisher vielleicht noch nicht kanntest – eine Liebe, die alles durchdringt und verbindet.

Nimm dir einige Minuten Zeit, um bewusst in die heilige Stille zu gehen. Versenke dich ganz IN dich. Werde ruhig. Richte deine Aufmerksamkeit auf den Rhythmus deines Herzens. Folge deinem Herzschlag in eine tiefe Stille, frei von jeglichen Vorstellungen, Erwartungen oder Ablenkungen. Spürst du die Dankbarkeit für das Leben und die Liebe, die überall gegenwärtig sind? Fühlst du die Verbindung mit allem, was ist? Bleibe ganz bei dir und im Hier und Jetzt.

Aus dieser tiefen Präsenz heraus kannst du das Paradies fühlen, riechen, schmecken – vielleicht sogar sehen. Überall ist Liebe. Du befindest dich im Raum der absoluten Gegenwart – erfüllt von sprühender Lebendigkeit und Kraft.

Herzgedanke:

Bin ich bereit, die Stille in mir immer öfter aufzusuchen – ohne zu hinterfragen, wozu dies gut ist?

Essenz der Liebe:

Tief versunken in der heiligen Stille erfahre ich die universelle Liebe als sprudelndes Lebenselixier.

Im Jahreskreis

Jede Jahreszeit trägt ihre eigene Schönheit, Kraft und Botschaft. Beobachte die Veränderungen um dich herum und in dir selbst, und nutze sie als Spiegel, um Liebe aktiv in die Welt zu tragen.

Frühling: Die Zeit des Neuanfangs und des Erwachens. Nutze diese Zeit, um Liebe zu säen, indem du zum Beispiel eine Blume pflanzt oder jemandem ein Zeichen der Hoffnung schenkst.

Sommer: Die Zeit des Aufblühens, der Freude und des Überflusses. Erwecke diese Kraft, um dein Herz zu öffnen und Liebe zum Erblühen zu bringen, zum Beispiel indem du reine Gedanken nährst.

Herbst: Die Zeit der Ernte, des Loslassens und der Dankbarkeit. Kraft deiner Dankbarkeit gelingt es dir, die Früchte deines Seins zu sehen und zu verschenken. Schreibe einen Dankesbrief an dich selbst, in dem du deine Geschenke an die Welt, alles, was du gesät, genährt, gehütet und geerntet hast, würdigst.

Winter: Die Zeit der Ruhe, des Rückzugs und der inneren Einkehr. Nimm dir Zeit für dich selbst, meditiere oder zünde eine Kerze an, und stärke so die tiefe Dankbarkeit für den Jahreskreis IN dir. Sie wird der Nährboden für den nächsten Zyklus sein.

Herzgedanke:

Bin ich bereit, mit dem Zyklus des Jahres mitzuschwingen? Mit welchen Jahreszeiten darf ich mich vielleicht noch aussöhnen?

Essenz der Liebe:

In jeder Phase meines Lebens heiße ich die Veränderung willkommen und erlaube mir, alle Jahreszeiten IN mir zu erfahren.

Im Licht von Mutter Erde

Deine Seele traf vor ihrer Geburt eine heilige Vereinbarung: Sie entschied sich bewusst, auf der Erde Erfahrungen zu machen, um zu wachsen, sich zu erinnern und Liebe zu leben. Dafür wählte sie Weggefährten – Menschen, die dich lehren, prüfen, erinnern oder unterstützen.

Du hast dich entschieden, bestimmte Erfahrungen zu durchleben. Du hast Ja zur Freude gesagt und auch zum Schmerz. Jede Herausforderung birgt ein Geschenk der Liebe. Jede Begegnung ist eine Gelegenheit, die Liebe in ihrer tiefsten Form zu leben. Ob im Gespräch mit einem Herzmenschen oder in der stillen Fürsorge für jemanden in Not – erinnere dich, dass hinter jedem Kontakt eine Botschaft der Seele steckt und keine Begegnung zufällig ist.

In Liebe gehst du den Weg deines ureigenen Seins und berührst andere Seelen im Licht von Mutter Erde. Wenn du jemanden triffst, sieh ihm in die Augen, und sprich innerlich: »Hier ist jemand, der mir eine Lektion, eine Erinnerung oder eine liebevolle Berührung schenkt. Danke, dass du mir hilfst, mich an die Liebe zu erinnern.«

Herzgedanke:

Glaube ich, dass ich mich schon längst für diesen Weg entschieden habe? Bin ich bereit, meinen Widerstand in schwierigen Situationen aufzugeben, um innere Freiheit zu erlangen?

Essenz der Liebe:

Ich erkenne die Wahl meines Seelenweges an und begegne allen Wesen in Klarheit, Wahrheit und Anerkennung ihres eigenen Weges.

Im Resonanzfeld der Liebe

Spürst du die liebevolle Schwingung deines Feldes? Manchmal geschehen magische Dinge – ein Blick, ein Wort, eine Nachricht, ein Gedanke – und plötzlich fühlt es sich an, als würde das Leben selbst dir antworten. Diese Synchronizitäten sind kein Zufall, sondern Botschaften der Schöpfung, die dir zeigen: Du bist verbunden, du bist geführt.

Lerne, mit den Wellen des Lebens zu tanzen und die Zeichen zu erkennen: eine Nachricht zur rechten Zeit, eine vermeintlich zufällige Begegnung, ein Gefühl der Klarheit. Nimm dir einen Moment, um innezuhalten, zuzuhören und auf dein Herz zu vertrauen. Je mehr du dich mit deinem inneren Wissen verbindest und in Einklang mit deiner Seele bist, desto mehr fühlt sich dein Leben wie ein harmonischer Reigen an. Magie entsteht! Dann bist du eingebettet in dein eigenes Resonanzfeld der Liebe.

Vertraue den kleinen Zeichen, die dir das Leben schickt, und erinnere dich: Du bist Teil eines größeren Ganzen. Das Leben spricht durch dich und für dich – und jede Situation trägt das Potenzial für Liebe und Verbundenheit in sich.

Herzgedanke:

Was kann ich tun, um noch tiefer in den stillen Raum meines Herzens eintauchen zu können?

Essenz der Liebe:

Ich tanze mit dem Leben in meinem Resonanzfeld der Liebe.

Innerer Kompass

Sei bei jedem Atemzug in dem festen Wissen: Ich kehre immer wieder zur Liebe zurück. Lasse die Liebe dein Anker, dein innerer Kompass sein. Lebe dein Leben aus dem tiefen Bewusstsein heraus, dass Liebe einen Unterschied macht, hier auf Erden und im geistigen Raum.

Jede kleine Handlung der Liebe erschafft eine Welt voller Mitgefühl und Licht. Lebe diese Wahrheit täglich durch deine Worte, deine Gedanken, deinen Glauben und deine Taten. Kehre mit deinem bewussten Atem immer wieder in die Liebe zurück, lenke deine Gedanken auf das Gute in dir und anderen, segne und vertraue. All diese Dinge haben die Kraft, dein Leben und das aller um dich herum zu verwandeln.

Mache dir bewusst: DU bist ein Stern, der niemals erlischt. Die Liebe, die du in jedem Moment schenkst, zieht weite Kreise. Sie ist wie ein Lied, das du singst mit deinem einzigartigen SEIN. Dieses Lied trägt dazu bei, neue Sterne zu gebären – Hoffnung, Freude und Verbundenheit entstehen durch deine liebevolle Präsenz.

Herzgedanke:

Wo braucht es heute deinen Fokus auf die Liebe?

Essenz der Liebe:

Ich kehre immer wieder zurück zur Liebe und kreiere ein heiliges Leben.

Kraft der Endlichkeit

Akzeptiere das Sterben als lebendigen, natürlichen Teil des Daseins. Schritt für Schritt. Mit jedem Atemzug.

Die bewusste Auseinandersetzung mit der Endlichkeit kann dir dabei helfen, das Leben in seiner ganzen Intensität zu spüren. Jeder Moment des Wandels, den du erlebst, erinnert dich daran, wie kostbar und vergänglich das Leben ist. Die Natur zeigt es deutlich: Bäume verlieren ihre Blätter, Flüsse verändern ihr Flussbett und fließen unaufhörlich, alles ist im ständigen Wandel. Veränderung ist ein Ausdruck der Liebe, weil sie dich wachsen lässt und dich näher zu deinem wahren Selbst führt.

Lasse das in dir sterben, was dich vom Leben ablenkt oder es weniger lebendig erscheinen lässt – sei es eine negative Emotion, eine Erwartung oder eine Angst. Erinnere dich: Jeder Abschied ist auch ein Neuanfang. Erlaube dir, den Wandel als Teil deines Wachstums zu sehen. Die Bewusstheit um die Endlichkeit macht dich lebendiger. Sie verbindet dich mit dem Fluss des Lebens und kann dir helfen, jeden Moment voll auszukosten.

Herzgedanke:

Was fällt mir in meinem Leben schwer, freizugeben? Habe ich genug Liebe in mir aktiviert, um für den Wandel bereit zu sein?

Essenz der Liebe:

Mein JA zum Sterben in jedem Moment erfüllt mich mit Lebendigkeit.

Kunst des liebevollen Alterns

Das Altern als lebendigen Ausdruck der Liebe und Weisheit zu betrachten, ist ein wertvolles Geschenk. Nimm dir regelmäßig Zeit, mit Güte und Respekt auf dein bisheriges Leben zurückzublicken. Erinnere dich an die Momente, die dich geprägt haben, und schenke ihnen mit einem milden Blick der Anerkennung deinen Segen. Das kann dir tiefen Frieden und Erfüllung schenken.

Frage dich: Welche Bereiche in meinem Leben sind noch nicht vollständig in Liebe verwandelt? Gibt es Dinge, die ich noch bereinigen oder loslassen sollte? Gibt es ungelebte Träume oder unerfüllte Wünsche, die ich in den Fluss des Lebens zurückgeben kann? Öffne dein Herz für das, was noch heilen oder losgelassen werden darf.

Sei in Frieden mit dir selbst und deinem bisherigen Weg. In der Weisheit des Alterns liegt eine große Kraft: Sie macht die Liebe eines Menschen sichtbar. Diese Weisheit lässt dich milde werden – gegenüber dir selbst und anderen – und mit Wertschätzung auf all deine Erfahrungen schauen, auch auf die Stürme deines Lebens.

Herzgedanke:

Wo bedarf es meines milden Blickes der Liebe? In welchen Lebenssituationen darf ich das Geschenk des Lebens erkennen?

Essenz der Liebe:

Ich segne, wertschätze und achte meine Lebensjahre und die meiner Mitmenschen und wandle alles IN mir in Liebe und Frieden.

Lebendige Partnerschaft

Wenn zwei wache Seelen sich begegnen, hinterlassen sie eine lebendige Spur der Liebe im Kosmos. Diese Liebe kennt kein Alter oder Schönheitsideal. Sie lebt vom echten Miteinander und dem Wunsch, gemeinsam zu blühen – im Hier und Jetzt.

Sie ist eine heilige Verbindung der Herzen – nicht nur in besonderen Momenten, sondern jeden Tag aufs Neue. Hier verstecken wir uns nicht mehr hinter Fassaden, sondern zeigen uns authentisch mit allem, was wir haben: unsere Freude, unsere Unsicherheit, unsere Schatten, unser Licht. Wir schenken Halt, aber geben dem anderen auch die Freiheit, die Flügel auszubreiten und die Kraft und Schönheit der eigenen Seele wahrzunehmen.

Wir schätzen die kleinen Momente des Zusammenlebens – ein Blick, ein Lächeln, eine Umarmung. Wir erinnern uns gegenseitig daran, tiefer zu lieben, mutiger zu sein und gemeinsam zu wachsen. Eine solche Liebe ist eine Quelle der Inspiration für alle Menschen um uns herum und trägt das Leben selbst in sich.

Herzgedanke:

Worauf bin ich in meiner Partnerschaft ausgerichtet? Was nähre ich darin?

Essenz der Liebe:

Ich lasse meine Partnerschaft lebendig aufblühen für ein neues Miteinander, für eine neue Zukunft der Menschen, für ein rauschendes Fest der Liebe selbst.

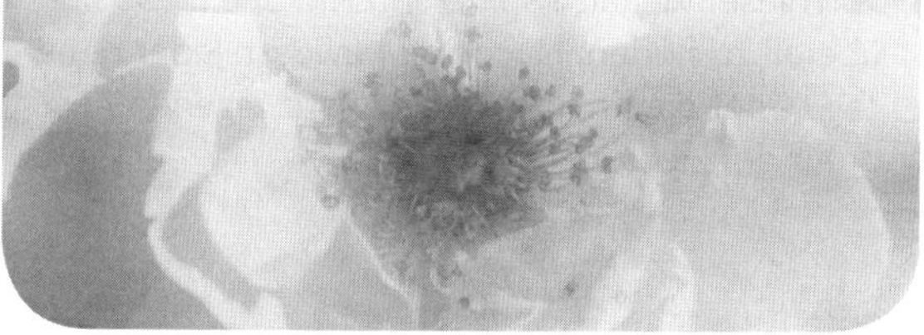

Magie des neuen Morgens

Der frühe Morgen ist eine besondere Zeit, die uns mit frischer Energie und ruhiger Kraft beglückt. Das einzigartige Licht und die Atmosphäre des beginnenden Tages sind Geschenke der Liebe, die uns die Natur und das Leben selbst anbieten. Jeder Atemzug erinnert uns daran, dass in uns etwas Vollkommenes und Neues wohnt – eine positive Kraft, die darauf wartet, sich zu entfalten.

Nimm dir einen Moment, um tief durchzuatmen. Spüre die frische Luft, die den Tag einlädt. Lasse dich von der Unberührtheit des Morgens und der neuen Kraft des Tages erfüllen, und erwecke diese durch dich zum Leben.

Manche Morgen sind ruhig und friedlich, andere sind voller Energie und Leuchtkraft. Lasse dich von dieser Vielfalt inspirieren. Licht und Liebe sind überall zu finden. Mache dir bewusst: Jeder neue Tag bietet die Chance, deinen ganz eigenen Ausdruck der Liebe zu leben.

Herzgedanke:

Wie kann ich heute bewusst die Energie und das Geschenk des Morgens nutzen, um Liebe in meinen Gedanken, Worten und Taten zum Ausdruck zu bringen?

Essenz der Liebe:

Ich erinnere mich, dass ich Teil der unaussprechlich schönen Schöpfung bin, und lebe diese Liebe mit jedem Atemzug und jedem neuen Tag.

Mit Liebe durch die Trauer

In Zeiten der Trauer sind wir im Ausnahmezustand. Ganz gleich, was wir gerade zu bewältigen haben, Trauer kann sich anfühlen wie ein freier Fall. Besonders wenn der Verlust plötzlich geschehen ist. Doch gerade in solchen Momenten zeigt sich die Kraft der Liebe.

Wenn du gerade in Trauer bist, erlaube dir, dir Unterstützung zu suchen – sei es bei deinen Herzensmenschen, deiner Familie oder der Geistigen Welt. Ein einfacher Weg, Liebe zu leben, ist es, offen und ehrlich um Hilfe zu bitten, wenn du sie brauchst. Ebenso kannst du anderen in ihrer Trauer begegnen, indem du präsent bist, zuhörst und wahrhaftig auf das eingehst, was sie gerade benötigen. Manchmal bedeutet das, nur still neben jemandem zu sitzen oder eine liebevolle Geste zu schenken.

Als Trauernde sowie als Begleitende sind wir eingeladen, zurückzutreten und neue Formen und Wege für das eigene Leben zu finden. Wenn dies mit Liebe, Hingabe und Demut an das Leben selbst geschieht, ist es ein wunderschöner, fruchtbarer Prozess.

Herzgedanke:

Was gibt es gerade in meinem Leben zu verabschieden, zu betrauern? Wie kann ich einem lieben Menschen ein Zeichen der Unterstützung senden?

Essenz der Liebe:

Ich bin bereit, Schritt für Schritt dem Leben entgegenzugehen, und tue das, was JETZT zu tun ist mit all meiner Liebe und in dem Wissen: Ich bin getragen und gehalten vom Leben selbst.

Offen für Wunder

Zu lieben bedeutet, sich verletzbar zu machen. Doch genau darin liegt der Schlüssel, um dein Herz für eine höhere Liebe zu öffnen. Indem du deiner Verletzlichkeit Raum gibst, kann sich etwas Neues und Wunderbares in deinem Leben entfalten.

Nimm dir täglich einen Moment der Stille, um in dein Herz zu hören und deine Verletzlichkeit wahrzunehmen. Schreibe auf, was dich verletzt hat, und frage dich: Liegt ein Geschenk darin verborgen? Übe dich in Dankbarkeit – auch für deine Herausforderungen –, denn sie sind Wege zu innerer Stärke. Zeige Mitgefühl für dich selbst – kleine Gesten können Wunder bewirken. Nimm alles bedingungslos an – auch das, was schmerzt oder schwierig ist. Lasse den alten Schmerz bewusst los, und öffne dich für neue Erfahrungen der Liebe.

Erlaube dir, Kraft aus deinen Wunden zu schöpfen. Das Wunder der Liebe beginnt dort, wo du bereit bist, dich verletzlich zu zeigen und offen zu sein für das Unbekannte.

Herzgedanke:

Bin ich heute bereit, mich bei allen Herausforderungen für das Geschenk dahinter zu öffnen?

Essenz der Liebe:

Ich bin bereit für die Wunder der universellen Liebe und lasse Raum, damit diese Liebe in meinem Leben wirken kann.

Orchester der Liebe

Halte kurz inne, und erinnere dich: Alles um dich herum ist Teil eines großen Orchesters der Liebe – jeder Schritt, jeder kleine Umweg, jede Träne, die du vergießt. Nichts ist falsch. Nichts ist gegen dich gerichtet. Nichts geschieht zufällig. Solange du gegen etwas ankämpfst, leistest du Widerstand gegen dich selbst, die Liebe und die Schöpfung.

Wenn du dich über eine Situation ärgerst, versuche, dich darauf zu besinnen, dass auch dieser Moment Teil eines größeren Plans ist. Wenn Zweifel aufkommen, frage dich: Sind sie berechtigt? Oder stecken Konditionierungen, Ängste oder Muster dahinter?

Jede Entscheidung, die du triffst, ist eine Gelegenheit, dich wieder mit dem Herz der Schöpfung zu verbinden, wo alles durchwebt ist von Bedeutung, vom Pulsieren der Liebe, von Schönheit und Ordnung. Vertraue dem großen Plan, und erinnere dich: Ich bin liebevoll getragen. Ich bin richtig. Ich bin nie zu spät. Ich bin eingebunden in ein Werk, das viel größer ist, als es mein Verstand erfassen kann.

Herzgedanke:

Welche Zweifel bin ich heute bereit, hinter mir zu lassen?

Essenz der Liebe:

ICH BIN bereit, mich als vollkommener Klang, als vollendeter Ton in das Orchester der liebenden Schöpfung einzufügen.

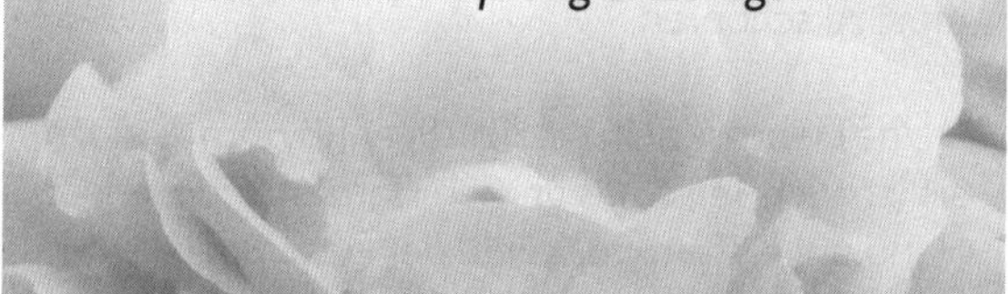

Ozean der Liebe

Deine Liebe ist wie das Meer – unendlich, kraftvoll und frei. Wie der Ozean bewegt sie sich in ihrem ganz eigenen Takt. Mal ist sie wild und ungezähmt wie die aufgewühlte See, dann wieder schimmert sie sanft und still im Sonnenlicht. In jedem Sturm liegt eine Wahrheit, in jeder Stille eine Kraft. Gleich, ob sie laut tobt oder leise flüstert – die Liebe ist immer echt, immer wahrhaftig.

Nimm dir Zeit, um deine inneren Wellen wahrzunehmen – manchmal sind sie hochschlagend, ein anderes Mal ruhig. Spüre die Kraft deiner Liebe, und teile sie mutig mit der Welt. Jede kleine Welle deiner Zuneigung trägt eine Botschaft. Gönne dir auch Momente der Ruhe und Reflexion. Wie das Meer braucht auch dein Herz Zeiten der Stille, um Kraft zu schöpfen.

Deine Liebe ist dein einzigartiger Rhythmus, doch sie ist auch Teil eines großen Ganzen. Jede deiner Handlungen formt das Feld der Liebe um dich herum. Lasse nicht zu, dass deine Gaben ungenutzt bleiben – denn sie sind das sichtbare Zeichen deiner Herkunft, die reine Liebe und Fülle ist.

Herzgedanke:

Wie gebe ich meine Liebe nach außen?

Essenz der Liebe:

Ich bin ein freier Tanz der Wellen der Liebe,
lebendig getragen vom Ozean, und
sende meine Gaben kraftvoll in die Welt.

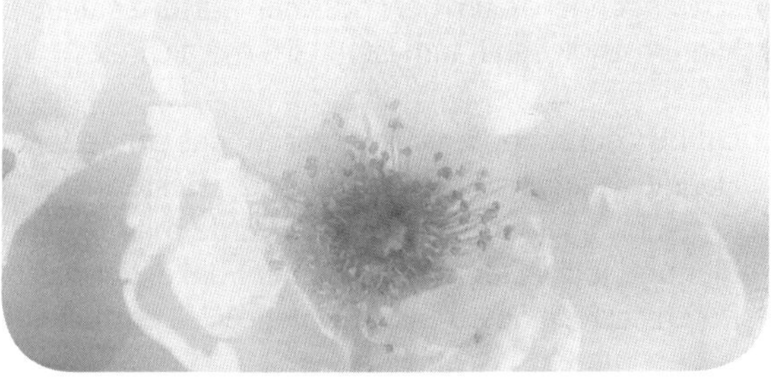

Paradiesische Visionen

Als liebendes Wesen trägst du Visionen einer neuen Welt der Liebe in dir. Einer Welt voller Frieden, Verständnis, Bewusstheit, Gemeinschaft und Licht. Gib deinen persönlichen paradiesischen Visionen IN dir Raum, und bringe sie mit deinem ganzen Sein nach außen. Sieh jede deiner Handlungen als eine Gelegenheit, deine Liebe und deine Visionen sichtbar werden zu lassen – im Gespräch mit anderen, in deinen Taten, im Umgang mit dir selbst.

Halte NICHTS zurück, sondern sprudle über vor Lebendigkeit und Liebe. Deine Visionen einer neuen Welt werden gebraucht und machen den Unterschied. Spüre, wie die Freiheit, deine Visionen ausleben zu dürfen, deine Verbindung mit dem frei schwingenden Raum der göttlichen Präsenz stärkt. Hier im endlosen Raum ist ALLES möglich.

Du bist ein schöpferisches Wesen, das mit jeder Handlung, jedem Gedanken und jeder Geste an der Entstehung einer paradiesischen Erde mitwirkt – hier und jetzt. Deine Liebe ist der Funke, der das Potenzial für eine wundervolle neue Welt entfacht.

Herzgedanke:

Welchen Funken der Liebe trage ich heute ins Feld? Welches Potenzial halte ich noch zurück?

Essenz der Liebe:

ICH BIN frei schwingende und frei fließende Schöpfung in sprudelnder Lebendigkeit.

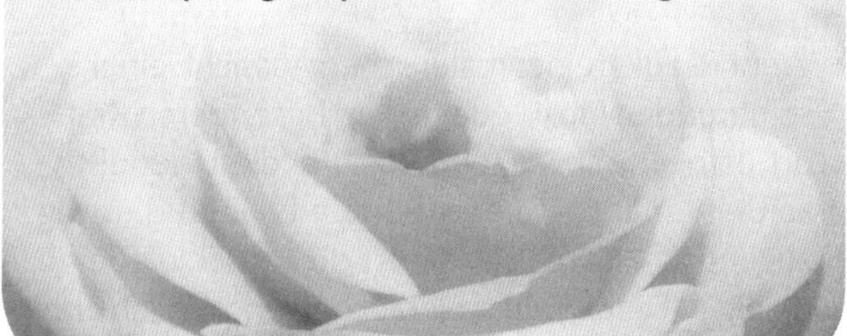

Portale in dein göttliches Selbst

Kunstwerke sind wie Tore, durch die du in deine eigene Göttlichkeit eintauchen kannst. Das können Gemälde, Musik, Architektur oder sogar Momente der Schönheit in deinem Alltag sein. Besuche eine Ausstellung, betrachte ein schönes Gebäude, oder höre Musik, die dich tief berührt und inspiriert, und erkenne die Göttlichkeit IN dir. Vor allem Architektur und Kunstwerke der alten Meister erinnern daran, dass wir Menschen den Flow des Göttlichen verkörpern.

Was geschieht, wenn du dich wahrhaft auf dieses Vermächtnis einlässt? Du wirst staunen – nicht nur mit dem Verstand, sondern mit dem Herzen. Beim Staunen ruht der Verstand, und der Raum für das Göttliche öffnet sich.

Wenn du dich einer malerischen Aussicht, einer inspirierenden Musik oder einem besonderen Kraftort öffnest, schwingst du dich in die Unendlichkeit ein. Manche dieser Portale bleiben dir ewig zugänglich. Durch sie kannst du immer wieder in dein göttliches Selbst eintauchen und es sich entfalten lassen.

Herzgedanke:

Mit welchem Kunstwerk oder Kraftort möchte ich mich heute physisch oder über meinen Herzraum verbinden, um mich an meinen göttlichen Ursprung zu erinnern?

Essenz der Liebe:

Ich verbinde mich mit meinem göttlichen Selbst über Kraftorte, Kunstwerke oder hoch schwingende Musik.

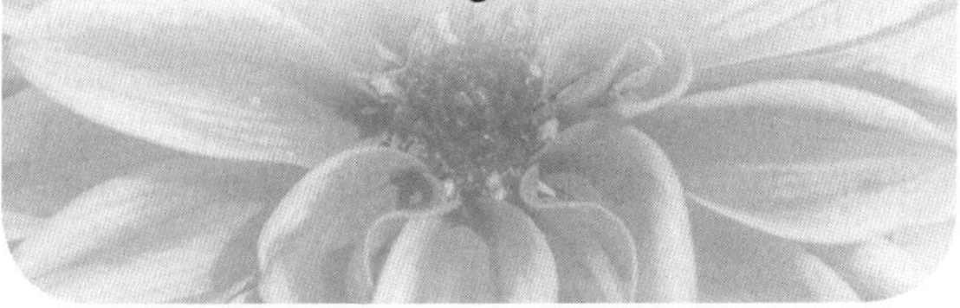

Raum der Liebe

Indem du liebst, schenkst du deinem Gegenüber Raum. Dein ganzes Wesen ist ein solcher Raum, in dem der andere Mensch wachsen und sich entfalten kann. Dafür muss die Liebe nichts anderes als frei IN dir fließen dürfen – ohne Angst oder Erwartungen. Der Raum, den du auf diese Weise erschaffst, kennt keine Grenzen. Er ist unendlich groß und voller Möglichkeiten – ein Klang- und Schwingungsraum der Liebe.

Überlege, wie du anderen heute diese Liebe, diesen Raum schenken kannst. Vielleicht indem du zuhörst, ohne sofort Ratschläge zu geben oder zu urteilen. Indem du den Menschen das Gefühl gibst, dass sie bei dir sicher sind. Indem du ihre Bedürfnisse und Grenzen achtest.

Visualisiere dich heute immer wieder als diesen reinen Raum für Liebe – einen Ort der Geborgenheit und des Wachstums. In ihm ist kein Suchen notwendig. Hier bist du angekommen. Und durch dein offenes Herz lädst du andere ein, es dir gleichzutun.

Herzgedanke:

Bin ich bereit, ein reiner Raum der Liebe für andere zu sein?

Essenz der Liebe:

Ich werde zum Kern meines Wesens,
zu einem reinen Gefäß der Liebe –
als solches bin ich angekommen und frei.

Schönheit der Schöpfung

Sieh mit den Augen der Liebe, und entdecke all die Schönheit, die dich umgibt. Spürst du den sanften Blick der Liebe? Er ist wie eine achtsame Haltung, die dir hilft, den wahren Kern der Dinge zu erkennen. Es ist, als würdest du lernen, die Farben und Formen in ihrer Tiefe zu sehen – im Lächeln eines anderen Menschen, im warmen Sonnenlicht auf deiner Haut, in einem wilden Garten, der seinen ganz eigenen Charme versprüht.

Oft sind es die kleinen Dinge, die uns zeigen, wie schön das Leben ist. Dich für sie zu öffnen – nicht nur in besonderen Momenten, sondern im Alltag –, ist ein großes Glück. Im Angesicht dieser Schönheit fühlst du dich geborgen und als Teil eines großen, ewigen Kunstwerks. Du spürst, dass du getragen wirst – von der Liebe selbst.

Du kannst diese Schönheit überall finden – in der Natur, in anderen Menschen, in den kleinen Momenten. Und je mehr du dich dafür öffnest, desto mehr wirst du erkennen: Du und die Schönheit seid EINS, weil du eins mit der Liebe bist.

Herzgedanke:

Auf welche Weise wandelt sich mein Leben heute, wenn ich alles mit den Augen der Liebe betrachte?

Essenz der Liebe:

Mein weicher und sanfter Blick der Liebe spiegelt mir all die Schönheit, die in mir wohnt.

Schöpferischer Ausdruck

In dir schlummert ein goldener Kern der Liebe, eine schöpferische Kraft, die darauf wartet, durch dich in die Welt hinauszutreten. Stelle dir vor, du hütest den Garten der Liebe. Was willst du dort wachsen lassen? Welche Gaben und Talente bringst du mit? Worin liegt dein ganz persönlicher schöpferischer Ausdruck? Alles, was von deinem liebenden Herzen berührt wird, blüht auf, wird kraftvoller und reicher.

Säe die Samen der Liebe achtsam in deinem Leben, und du wirst die sanfte Antwort spüren, die in deinem Herzen widerhallt: Nimm dir jeden Tag einen Moment, und stelle dir vor, wie du Liebe in deinem Umfeld verbreitest. Pflanze bewusst positive Gedanken und liebevolle Absichten in deinen Geist – sie sind die Samen für Wachstum und Veränderung. Schenke dir Zeit für dich selbst, um deine innere Kraft wieder aufzuladen.

Kreiere und gestalte auf diese Weise deinen ganz eigenen Garten Eden – einen Ort des Friedens, der Freude und der Liebe. Dort kannst du verweilen, dich nähren lassen und die Schönheit des Lebens in all seinen Formen genießen.

Herzgedanke:

Was in meinem Leben möchte ich nähren – und welche Gedanken können mich in meinem Wachstum unterstützen?

Essenz der Liebe:

Mein Leben ist in allen Lebensbereichen erfüllt von der Kraft meines liebenden Herzens.

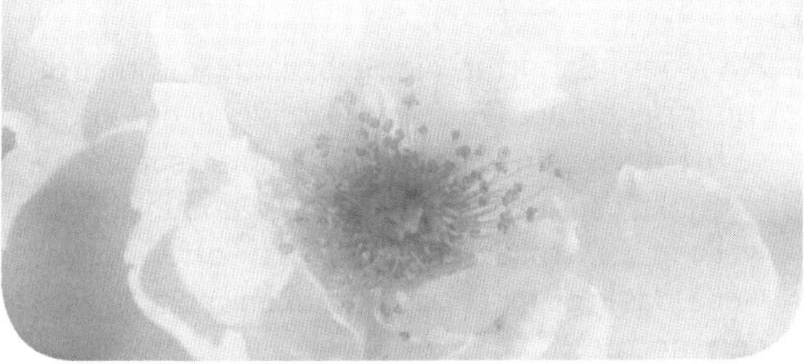

Selbstliebe

Mache dich bereit. Etwas Neues möchte in dir erwachen – eine lebendige, kraftvolle Energie, die dich sanft wachrüttelt und dir sagt: Du bist schon besonders. Du brauchst nichts hinzufügen. Du bist von höchster Ebene in Liebe geschaffen.

Erlaube dir, diese Liebe zu leben, indem du dir bewusst Gutes tust: Bewegung an der frischen Luft, echte vollwertige Nahrung, Ruhe. Koste mit Hochgenuss das Leben aus. Und lasse alles weg, was deinem Körper und deiner Seele nicht guttut. Gönne dir diese Selbstliebe, die dir neue Lebenskraft verleiht. Das kann bedeuten: einen Tag keine Nachrichten zu konsumieren, bewusst tief durchzuatmen oder dir eine Auszeit zu nehmen, um neue Wege auszuprobieren.

Mit jedem Schritt in die Selbstliebe kommst du mehr bei dir an. Du spürst: Ich bin sicher in mir selbst. Auch dein Verstand darf sich entspannen – er merkt, dass du dich in dir geborgen fühlst. Verweile in diesem Gefühl des Seins – offen für das Neue, das in dir lebt und nach außen gebracht werden möchte.

Herzgedanke:

Was bringe ich ab heute an Neuem und Lebendigem in mein Leben? Was an Starrem, Belastendem entlasse ich daraus?

Essenz der Liebe:

Ich genieße meine überschäumende Lebendigkeit, bringe Neues in mein Leben und halte mich dabei selbst in Liebe.

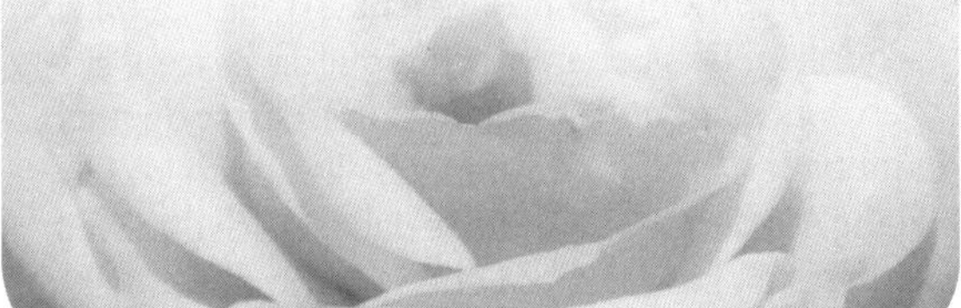

Tanz der Liebe in dir

In jedem Augenblick ruft die Liebe dir zu: Ich liebe deine bunte Vielfalt, deinen ganz persönlichen Ausdruck. Du bist wichtig – genau so, wie du bist. Hörst du ihre Stimme?

Du bist hier, um Liebe lebendig werden zu lassen. Deshalb: Höre auf, dich selbst zu kritisieren. Erlaube dir, ungesunde Muster und Glaubenssätze, die vielleicht aus Generationen vor dir stammen, hinter dir zu lassen. Sei friedvoll mit dir. Gönne dir Pausen, wenn du sie brauchst. Sprich liebevoll mit dir selbst, wenn du Fehler machst.

Erkenne und segne den Reichtum, den du bereits für andere und dich geschaffen hast. Würdige deine Leistungen – auch die kleinen Schritte zählen. Manchmal ist es hilfreich, Situationen oder Projekte neu zu überdenken und ihnen noch mehr Liebe zu schenken. Das Leben möchte mit dir tanzen, singen, wachsen und strahlen. Dafür darfst du auch innehalten und überprüfen, ob alles noch im Einklang mit der Liebe ist. Bleibe dabei weich und weit. Und sei dir gewiss: Das Leben ist immer für dich!

Herzgedanke:

Bin ich bereit, die Kritik an mir selbst ruhen zu lassen? Gebe ich mit Leichtigkeit und Freude mein Bestes für das gesamte Feld?

Essenz der Liebe:

Mein freies Schwingen und Tanzen in meiner eigenen Buntheit segnet die Erde und all ihre Wesen, und der Himmel umhüllt mich ewig mit seiner allumfassenden Liebe.

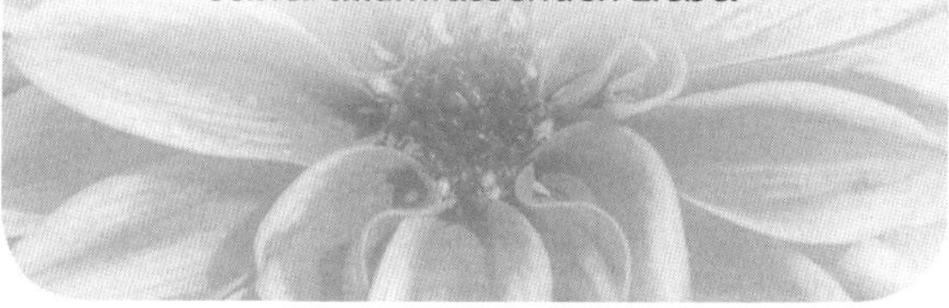

Tor zur Freiheit

Mit der Liebe in deinem Herzen hältst du den Schlüssel zu einem Leben voller Möglichkeiten in der Hand. Sei bereit, dich der Liebe ganz hinzugeben, dich von ihr durchfluten zu lassen. Durch sie findest du die Kraft und den Mut, dich auch in dunklen Stunden selbst zu führen, statt in Selbstmitleid zu verharren.

Lasse den alten Schmerz, Zweifel, Sorgen, Vorurteile und die guten Gründe, gegen etwas zu sein, sanft und zugleich kraftvoll von der Liebe deines Herzens auflösen. So wirst du frei. Lebe jeden Tag mit Offenheit, Mitgefühl und Dankbarkeit – auch dann, wenn es dir schwerfällt. Denn gerade in diesen Momenten bist du mit der Kraft der Liebe verbunden. Sie bleibt stets bei dir und wärmt jene Anteile in dir, die du für schwach, ungesehen oder ungeliebt hältst und die jetzt auf die Heilung durch deine Liebe warten.

Bleibe in der Liebe, gleich, was geschieht. Du kannst das. Du bist eine mutige Seele, aus Liebe geschaffen. Webe mit jedem Atemzug den goldenen Faden der Liebe ins freie Feld.

Herzgedanke:

Wo bin ich heute bereit, alten Schmerz in mir heilen zu lassen, mich für Liebe und Wachstum zu öffnen und meine Freiheit zu leben?

Essenz der Liebe:

Ich bin mein Tor zur Freiheit und bleibe mit mir selbst in Kontakt durch alle Lebenssituationen hindurch.

Unendlicher Fluss

Liebe ist wie sanfter Regen auf der Haut. Mit jedem Tropfen wirst du dir deiner Verbundenheit mit dem Leben bewusst. Spürst du den unendlichen Strom, die Kraft des Lebens, die unermüdlich in dir fließt? Liebe ist die Quelle selbst. Nutze heute die Energie des Elements Wasser, um dich mit ihr zu verbinden:

Beginne den Tag mit einer kurzen Meditation. Stelle dir vor, du bist wie ein ruhiger See, der das Leben in sich aufnimmt und weitergibt. Spüre beim Duschen oder Baden die Verbindung zur Quelle – fühle das Wasser auf deiner Haut als Symbol für den Fluss der Liebe in dir. Gieße eine Pflanze, oder trinke bewusst ein Glas Wasser mit Dankbarkeit für das Leben. Sei achtsam im Kontakt mit anderen, schenke ihnen deine volle Aufmerksamkeit – so wie Wasser alles verbindet und trägt.

Liebe ist kein statischer Zustand, sondern steter Wandel. Du bist ein einzigartiger Ausdruck dieser Kraft – voller Potenzial und Schönheit. Lasse den Fluss der Liebe in deinem Herzen lebendig sein – ruhig, kraftvoll und unendlich verbindend.

Herzgedanke:

Was möchte in mir wieder ins Fließen gebracht werden, um auch mein Umfeld mit meiner Liebe zu nähren?

Essenz der Liebe:

Ich bin Teil des ewigen Flusses des Lebens und der Quelle allen Seins. In Liebe verbunden – jetzt und für immer.

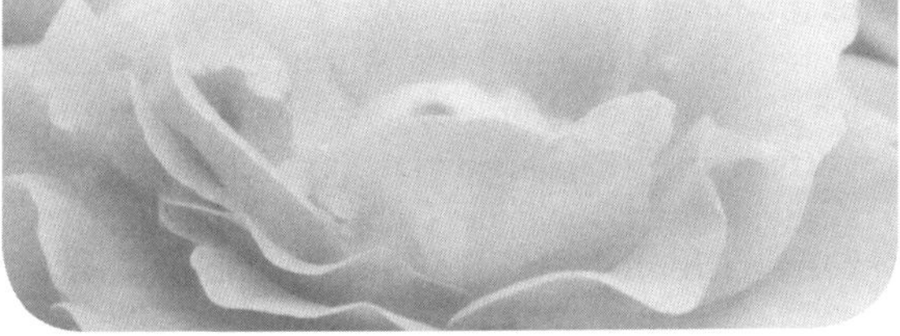

Vergebung

Die Liebe zeigt sich in Geduld und Ausdauer. Manchmal hegen wir einen Groll gegen Menschen, Situationen oder das Leben selbst. In solchen Momenten ist es wichtig, der Schöpfung zu vertrauen. Bleibe verbunden mit dir selbst, und finde inneren Frieden – das ist die wahre Kunst der Liebe.

Wenn du in einer Situation Groll verspürst, praktiziere ein kleines Vergebungsritual, bis du spürst: Jetzt bin ich wieder ganz im Frieden mit mir.

Nimm dir einen Moment, atme tief durch, und sage innerlich: **»Danke** – ohne diesen Menschen, ohne diese Situation hätte ich mich selbst nicht durchschaut. Ich öffne mich dafür, dass ich dieses Thema schon viel länger in mir trage, diese Situation macht mich nur noch einmal darauf aufmerksam. **Es tut mir leid** – mit diesen Worten nehme ich das Gefühl, das IN mir ausgelöst wurde, zu mir zurück. Ich übernehme dafür jetzt Verantwortung. **Bitte verzeih mir** – ich vergaß: DU und ICH stammen aus derselben Quelle der Liebe. **Ich liebe dich, ich liebe mich** – ich gebe ALLES in die Liebe.«

Herzgedanke:

Bin ich wahrhaft bereit, die Verantwortung für all meine Gefühle und Emotionen zu übernehmen und diese nun in mir zu heilen?

Essenz der Liebe:

Ich lebe mein Leben voller Güte, Liebe und Empathie und vertraue dem immerwährenden Prozess der Schöpfung selbst, die mir immer freundlich antwortet.

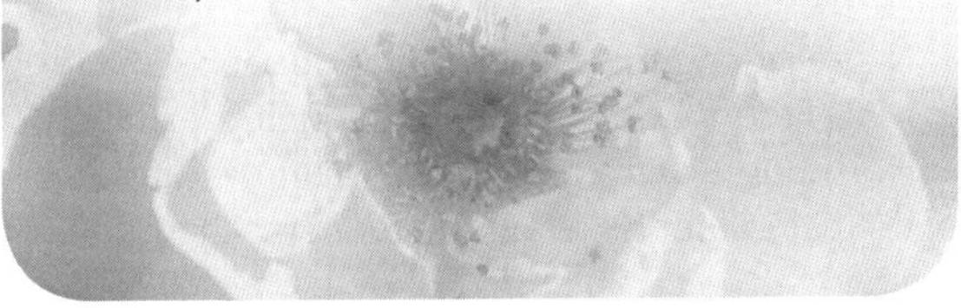

Wahre Meisterschaft

Du bist hier auf der Erde, um Meisterschaft zu erlangen. Deine Seele wurde vor langer Zeit in der Urquelle geboren. Auf dieser wunderschönen Erde hat sie sich inkarniert, um sich in der höchsten Dichte, am dunkelsten Punkt, zu veredeln, ihren göttlichen Kern zu erkennen.

Selbst in der größten Verzweiflung in Liebe zu sein, dies ist das Wunder, das du mit deinem SEIN kreieren, und der größte Beitrag, den du für das Liebesportal Erde leisten kannst. Setze und entfalte Samen des Vertrauens. Des Glaubens daran, dass DU reine Liebe bist. Dann wirst du auch im dichtesten Nebel voller Kraft und Klarheit sein und überall das Göttliche entdecken, wo andere nur Kampf und Verzweiflung sehen. Du wirst Liebe und Heilung spüren, wo andere im Mangel sind. Das ist wahre Meisterschaft.

Nutze jeden Moment, um Liebe zu säen – Mitgefühl, Freundlichkeit, Verbundenheit, Vertrauen, Hoffnung – denn genau hierin liegt die Kraft, die Welt ein Stück heller und heiler zu machen.

Herzgedanke:

Bin ich bereit, meine Seele zu veredeln und in jedem Moment Liebe zu säen?

Essenz der Liebe:

Ich erwirke Wunder, indem ich mein Licht, meine Kraft und meine Klarheit in der höchsten Dichte und den dunkelsten Stunden hochhalte.

Was deiner Seele guttut

Stelle dir vor, dein Kopf wäre ein Rucksack voller Gedanken, Sorgen und Erwartungen, die dir nicht guttun. Was wäre, wenn du dir bewusst Zeit nimmst, um diesen Rucksack auszuräumen? Wenn du alles herausnimmst, was dir Energie raubt?

Halte regelmäßig inne – ob bei einem Spaziergang, in der Mittagspause oder vor dem Schlafengehen. Gib dir die Erlaubnis, zu entschleunigen. Werde ganz still, und frage dich: Was belastet mich? Was macht mich glücklich? Erlaube dir, alte Muster und Rollen zu hinterfragen und sie bewusst freizugeben. Auf diese Weise schaffst du Raum für andere Erfahrungen der Liebe, durch die du dich immer wieder neu entdecken und entfalten kannst. Schon bald wird das NEUE beginnen, sich in dein Leben zu weben. Du begibst dich auf unbekannte Pfade, wählst neue Lebensrouten, ohne Zwang, in Leichtigkeit und Vertrauen.

Das Schönste daran ist: Indem du auf dich achtest und deine innere Welt klärst, ziehst du Menschen an, die im Einklang mit deiner Seele sind – echte Seelenverwandte. Es beginnt IN dir.

Herzgedanke:

Welche Tierbegegnung nehme ich heute wahr?
Welche Botschaft liegt darin?

Essenz der Liebe:

Heute achte ich auf jede Begegnung mit einem Tier und lausche still der magischen Botschaft der Liebe.

Nachklang

Wenn Bewusstsein sich erhebt,
entsteht eine neue Ordnung.

Das Ewige in mir erinnert sich.
Ich brauche nichts mehr –
ich habe ALLES IN mir gefunden.
Ich vertraue jetzt unbeirrt
der Stimme meiner Seele.
Den Halt habe ich in mir selbst gefunden.

Ich tanze den Tanz der Polarität
– frei durch die Portale – im Gewahrsein
der Einheit und der Schönheit des Ganzen.
Wild und anmutig, unberechenbar und sanft.

In dieser Welt weiß ich:
Ich bin nicht von dieser Welt.

Ich bin ein sanftes Licht der Liebe,
das die Schleier lüftet und mit der Kraft meines
Herzens andere Herzen berührt.

In aller Klarheit und in tiefer Wahrheit meines Herzens halte ich keine Liebe mehr zurück.

Hier erstrahlt mein ewiges Licht im Feld der Erde.
Hier BIN ICH in meine Bestimmung
zurückgekehrt.

Über die Autorin

Marion Odile Grübel fühlt schon seit ihrer Kindheit eine tiefe Verbundenheit mit den Mysterien des Lebens. Sie hat verschiedene Ausbildungen im Bereich »Spiritualität« und »Persönlichkeitsentwicklung« absolviert, darunter »Huna«, »The Work« nach Byron Katie, »Transformationstherapie« nach Robert Betz und »Medialität«. Seit über 15 Jahren begleitet sie Menschen auf deren Weg durch Lebenskrisen, bei der Trauerarbeit und im Bereich der Partnerschaft. Darüber hinaus bietet sie Ausbildungen, Seminare und Workshops zu verschiedensten spirituellen Themen sowie Segenszeremonien an.

www.marion-gruebel.de

Entdecke die Heilige Geometrie der Liebe

Schirner Verlag

Marion Odile Grübel
Die Venusblume
Symbol der universellen Liebe in der Heiligen Geometrie

144 Seiten
ISBN 978-3-8434-1570-5

Liebe ist das schönste Gefühl, das wir im Leben erfahren können. Meist denken wir dabei an die persönliche Liebe zu unserem Partner, unseren Kindern, Eltern, Geschwistern oder Tieren. Die universelle Liebe hingegen ist ein Ausdruck tiefer Liebe zum Leben und zu allem, was ist.
Die Venusblume als lichtvolles Symbol der Heiligen Geometrie ist der sichtbare Ausdruck dieser vollendeten Liebe und wirkt wohltuend und stärkend auf jeden, der sich mit ihr umgibt. Dieses Buch lädt dich auf eine transformative Reise mit der Venusblume ein, auf der du die allumfassende Liebe in deinem Leben erkennst und frei fließen lässt.

Danke für deine REZENSION

– Gemeinsam sind wir mehr –

Liebe Leserin, lieber Leser,
von Herzen danken wir dir, dass du dieses Kartenset in den Händen hältst. Das bedeutet uns, dem Schirner Verlag und seinen Autoren, sehr viel. Aus voller Überzeugung und mit Hingabe widmen wir uns seit vielen Jahren Themen, die unser aller Lebensqualität und Bewusstwerdung dienlich sind, und hoffen, einen Beitrag für eine lichtvollere Welt leisten zu können. Wenn dir unsere Arbeit gefällt, möchten wir dich bitten, dir einige Minuten Zeit zu nehmen, um dieses Werk zu rezensieren. Warum? Die meisten Menschen lesen Rezensionen, bevor sie ein Buch oder ein Kartenset kaufen, da sie hierdurch einen Eindruck bekommen, ob und wie der Inhalt den Leser erreicht hat. Eine kurze Rezension ist dabei ebenso hilfreich wie eine lange, sehr ausführliche. Um es auf den Punkt zu bringen:

Eine Rezension ist heutzutage die beste Werbung für ein Autorenwerk!

Wenn du den Schirner Verlag und seine Autoren neben dem Buchkauf auch anderweitig unterstützen willst, dann bitten wir dich: Schreibe für jedes Werk eine Rezension – vielleicht als persönliche Leseempfehlung für die Buchhandlung in deiner Nähe oder online, z. B. beim Schirner

Verlag. Das wäre nicht nur eine Wertschätzung für die Autoren, sondern kann dazu beitragen, dass die Verkaufszahlen steigen und der Schirner Verlag auch in herausfordernden Zeiten Bestand hat.

WIE SCHREIBT MAN EINE REZENSION?

Grundsätzlich sollte eine Rezension aus der eigenen, subjektiven Sicht geschrieben werden, da es sich um eine persönliche Meinung handelt. Du kannst in zwei Sätzen deine Gedanken zu dem Werk äußern oder eine längere Rezension verfassen. Falls du nicht weißt, wie du beginnen sollst, hier ein paar Anregungen:

- War der Text leicht verständlich geschrieben? Wie hat dir die Sprache gefallen? Wie empfandest du die Aufteilung der verschiedenen Themen?
- War es unterhaltsam? War es deiner Meinung nach mit Herzblut und Liebe geschrieben? Wie hat es auf dich gewirkt?
- Hat es dein Herz berührt? Konntest du dich wiederfinden?
- War es tief greifend genug? Hast du viel Neues gelernt?
- Hat es gehalten, was der Titel und die Beschreibung versprochen haben? Hat es deine Erwartungen erfüllt?
- Was macht das Kartenset besonders? Warum sticht es heraus im Vergleich zu anderen, die ein ähnliches Thema behandeln?
- Würdest du das Werk weiterempfehlen oder verschenken?

Dankeschön

lesen, fliegen, landen
Schirner Verlag